JN439678

꽃들의 수다

신상숙 시집

책을 펴내며

꽃, 하느님의 사랑이 고스란히 담겨 있다.

그 사랑 앞에
꼭 잠긴 마음의 빗장이 풀어지고
잡초만 무성한 묵정밭에
사유思惟의 날개들이 벌떼처럼 몰려온다.

글밭에 농심農心을
논밭에는 글쟁이의 마음을 심어 놓았다.
서툰 글쟁이가
거두어들인 알곡을 오지동이에 담았다.

이제, 샘물 긷던 계집아이
『꽃들의 수다』를
오지동이에 찰찰 넘치게 담아
천상의 어머니 성모마리아님께 올려드립니다.

2017년 4월 聖 주간에

辛相淑 마리아

CONTENTS

CONTENTS

3 아름다운 용서

CONTENTS

1

하얀 붓꽃에게

봄, 걸어 나오다

언 땅속에서
파란 쑥 이파리가
느릿느릿
걸어 나오는 봄
참꽃 봉오리 눈 뜰까 말까
꽃다지와 냉이가
실눈 뜬 햇살을 빠르게 놓아버린다

누가 말하지 않아도
다 아는 건
노랑나비 날갯짓이
차츰 빨라지고
고개만 조금 숙여도
다 보이는 건
쉼표가 없는 꽃들의 수다로
두 볼이 발그레
검정 고무신 바닥이
따끈따끈
앙다문 입꼬리가 사알짝 올라가서다
맞아
그것을 따신 봄이라 하는 거야

뒤태가 아름답다

싸리문의 빗장이
제 소임을 다하는 날이 밝아온다

자갈밭 이랑에는
그녀가 심어 놓은 씨앗들이
파릇파릇 움트고
다시 돌아온 방랑자는
일거리가 넘쳐나서 제정신이 아니다

뒷모습이 예쁜 아낙들
식솔은 어쩌라고
파마머리하고서 지들끼리 화전놀이 갔다

헛간에 걸어 둔
조막손 호미가 비웃어도 좋아
부르튼 손으로
뒤태 매만지는 일부터 우선이다

모란문양의 자수刺繡
박은 나를 누가 허물이라 할까

詩사랑

옹배기 이고
샘물 긷던 계집아이
맑은 시의 샘을
오지동이에
찰찰 넘치게 담네
가슴이 터질 만큼
속눈썹이 젖어 내리도록
하현달이 다하고
새벽이슬 마르도록
담고 또 담아
고운님께 드리네

미성숙의 하루

작은 항아리에 실금이 생겼다

낮 꿈의 저주가
재주를 부리는 건 아닐까
덜컹 겁이 나서
자동차 운행도 삼가는데
甲의 손가락을 떠난
불규칙한 단어가
祖江*을 수시로 건너와 乙의 정곡을 찌른다

말의 찌꺼기들이
회오리치는
꿈의 수수께끼
시방까지 풀지 못하는 매듭이다

* 祖江 : 한강과 임진강이 만나는 한강 하류(할아비 강)

아이야

병원 대기실에서
눈이 고운 어린아이를 만났다

생글생글 웃는 모습에
괜스레 행복한데
이 예쁜 아이가 내 품에 얼른 안긴다
제 엄마가 진료 받는 동안
울고불고 떼쓴다며
애, 엄마가 아이를 부탁한다

내 무릎에 앉아
울음을 뚝 그친 착한 송아지
재롱까지 떨며
엄마가 치료를 마칠 때까지
곱게 기다리는
세 살 박이
처음 보는 나를 좋아한
그들, 고운 빛깔의 사랑을 알려준다

하얀 붓꽃에게

처네*로 제 몸 가린 채
새벽이슬로 세수하는
희고 고운 얼굴이 눈부시다

내 마음 깊은 곳에
살아 숨 쉬는 친구야
이제 그만 울고
하늘나라 우리 어머니
아들딸에게
구멍 난 가슴으로
밤새워 쓰신 봄 편지 읽어보자

너와 나
댓돌 위 나란히 앉아
외양간 송아지
어미젖 뜸베질*이 멈출 때까지

* 처네 : 아이를 업을 때 두르는 누비로 된 띠나 포대기
* 뜸베질 : 소가 뿔로 이것저것 마구 들이받는 짓

애기꽃

이젠, 할미꽃이 아니다
언 땅 비집고 나온 너 애기꽃이라 부른다

보송한 솜털과
순하게 웃는 모습까지
우리 아가 꼭 닮은
너를 어찌 할미라 부를까

아가, 숨소리
쌔근쌔근 들리는 듯한데
너의 꼬까 웃음
이슬꽃으로 머무는
이 아침
내 가슴도 애기꽃 닮아간다

햇볕의 도수

깽깽이풀꽃
노란 목젖이 보일 듯 말 듯하다

딱새 부부 감나무 위
나란히 앉아 봄을 쬐는데
도수 높은 봄볕이
송아지 엉덩이에 들러붙은
겨울을 털어내고
상모 돌리는 강아지 짧은 꼬리에
불살라 놓으시네

도토리

가으내
맨손으로 하나 둘 모아드린
도토리 새끼들
이 악물고 맷돌로 문지르고 구둣발로 으깬다

껍데기를 이탈한 알맹이가
한 점의 묵이 되어
허기를 달래줄 때는
고픈 기억 뒤로한 채 묵사발이 감사하다

작은 손이
남보다 더 빠르다니
도토리가 대수라고
피식, 입가에 엷은 미소가 번진다

가랑잎 속
고만고만한 열매에게
낮은 자세를 취하는 건
나의 속물 근성일까
아니, 나이든 일기장을 넘기는 거다

소 망

큰 항아리와
질 시루 하나 갖고 싶습니다

항아리에
이웃의 살가운 정과
고운 마음씨를 가득 채워놓고
불길처럼 급한 마음을
느림으로 다스리게 하소서

질 시루에
시기 질투 성냄을 담겠습니다
인내의 그릇이 걸러낸
탐욕과 미움들이
염하강 거품으로 사라지는
물욕의 해일이 무릎 꿇게 하소서

끼니마다
고봉으로 퍼 담은 밥그릇이
부끄럽게 하시고
아프리카
아이들을 위해 기도하게 하소서

더운 물로 세수할 때
엄동설한
노숙자도 기억하게 하시고
진리 위해 몸 바치는
순교자의 길을 따라 걷게 하소서

부드러운 손

난방으로
연탄난로가 전부이던 시절
부모님은
퇴근한 막내딸에게
아랫목을 얼른 내어주셨다

사무실에서
종일 언 손과 발이
따신 이불 속에서
온기가 도는데
시린 등허리가 어찌나 가려운지
횟배앓이 약손은
딸내미 등을 쓰다듬고 또 쓰다듬으셨다

넓은 등에
생채기가 날 때마다
날선 손톱이
미안해서 눈시울 붉히시는
어머니의 거친 손이
막내딸 눈에는
세상에서 가장 따뜻하고 부드러웠다

가족의 이름으로

두 여자
아들에게 공존할 수 없는 세상이다

막내가 가족사진 찍었다고
손전화기로 소식을 알려온다
아들 부부와 갓난아기
뉘 집 자식이 이보다 더 예쁠까

발 빠르게 달아나던 기쁨이
다시 돌아오고
부지깽이가 크게 웃을 일인데
동공의 부산물이
목젖으로 자꾸만 흐르는 건
남의 것도 아니고
내 것도 아닌
애물단지들과 살 비비는 날이 저물어서다

자, 이제부터 여기저기 널려 있는
자식들의 흔적일랑
질 좋은 비누로 꼼꼼히 밀어내자
역부로 그 짓거리 하려니

가슴에 구멍이 생기고
손가락 지문이 다 뭉그러져 모양새가 흉하다

어느 똑똑한 여자가
내가, 설 자리를 수시로 알려주는데
아들의 뒷모습이 썰렁하다고
제 눈이 청맹과니라는 걸 몰라서다

이젠, 내 탓 남의 탓 하지 말자
정신머리 고장 난
제 마누라 다독이는 옆지기와
논두렁 밭두렁이
애써 가꾸어 놓은 농작물과 가족을 이루리라

차암, 일찌감치 철들었다

봄, 분칠하다

앞뜰에 내려온
햇살이 뽀얗게 분칠하는 봄이다

삼베옷 훌훌 벗은 잔디가
파란 옷 갈아입고
묵정밭 암꿩이 알을 품는
봄, 수선화 꽃봉오리가 금방 터질 듯하다

이 논배미 저 논배미
비단방석 띄우는
그이 정수리에 나비가 날고
낙종모판 가득 실은
경운기가 콧바람 씽씽 부는데
덩달아 신이 난
그이 얼굴에 웃음살이 한가득이다

앉은뱅이 꽃들이
키재기를 하는 날
마늘밭 아낙의
오지랖 적시는 꽃비단비가 종일 내린다

달의 노래

볼록한 손톱에
제 그림자 하얗게 새겨놓은
눈썹달이 입맞춤하네
작은 보폭으로
한 걸음 두 걸음 다가와
낯선 이도 동무라고
생글생글
고향이 물 맑은 이기울이지

새 올케 눈썹처럼
고운 달
그믐마다 마실 오는데
기척 모른 나는
두 눈 꼭 감은 채
새벽 숨 쉬느라
베갯머리 머물다간 걸
나중에 알았지

아침의 노래

등 위에 태양이 불붙는다

새벽부터 숨차게 달려오는
더위가 눈치 못 채게
헛간에 걸어 둔 호미자루 조심스레 꺼낸다

선잠 깬 두꺼비와
전깃줄 위 비둘기는 구구구
아침 인사 나누고
잰걸음에 더 가까이 다가오는
꾀꼬리 노랫소리 민통선 철조망도 넘는다

솟아오른 둥근 해가
아침 안개 걷어내는데
서늘한 바람은
잡풀이 무성한 밭고랑이 제 친구란다

조약돌이 재깔대는 도랑물에
흙 묻은 발바닥을 담그고
아이처럼 세수하면
송사리 떼처럼 몰려오는
추억들이 토담집 시계바늘을 돌린다

연탄불 사랑

아이들 해진 운동화와
남편의 단벌구두
아침마다
따끈따끈 연탄불
시린 손과 볼을 발그레 데워준다

그처럼
이웃에게 온기를 내어주기에
미흡한 나
화르르 타오르던 불씨가
헛아궁이 군불처럼 사그라지고
온기마저 문풍질 뚫는데
이기심 끌어안은 채
가슴 밑바닥까지 가라앉은 혼돈이여

말간 천장 아래
촛불 켜 놓고
어두운 밤 흔들리는 영혼을 보듬는다

단맛 짠맛

흘리는 사람의 수고로
값어치가 다른
땀의 종착역 이마에서 심장까지다

농사일로 질퍽한
땀방울이
그냥 짜지만 않은 건
사랑하는 가족과
하얀 이 드러내는 이웃이 있어서다

버거운 짐도 나누어야
순한 맛이 되는 세상살이
안개 낀 눈동자에서
깨알처럼 기쁨이 쏟아지고
가시밭에서 흘리는
피와 땀조차
참기름처럼 고소한 게 부모 가슴이다

남의 아픔도
당신의 아픔이라 우기는
그 사랑

아가, 입속에 든
알사탕처럼 달달한데
바쁜 농사철
그늘 찾아다니는 땀 색깔은 어떨까

그, 겨울이 따뜻하다

밭 이랑에 씨앗을 넣고
꿈속에서 파란 지폐를 하나 둘 헤었다
부자도 아니면서

물동이보다 큰 배추와
희고 미끈한 무가
아름 넘치는 후한 가을에
이웃의 손사래가 거칠어도
이름이 갑종인
文友 덕에 썰렁한 주머니에 풍년 들었다

땅속, 김장 항아리가
책임지고 배추김치, 동치미
곰삭혀 놓을 터
마음 씀씀이도
갑종인 文友와 살맛나는 세상으로 행진이다

지란지교芝蘭之交

시어머니와 남편의
흉, 실컷 봐도 뒤탈 걱정하지 않아서 좋다

온갖 푸념 다 들어주고
내 단점까지 진심으로 충고하는
그들, 가요를 부를 때는
음치를 탓하지 않아서 좋은데
식전에 딴 오이처럼
늘 싱그럽고 오랜 친구여서 더 좋다

별똥별 지다

우리 동네 하늘은
맷돌방석처럼
작아서 손바닥으로 가려집니다

서쪽 하늘 초사흘 달
새 각시 눈썹을 닮았고요
동쪽 하늘 보름달은
그리운 이 얼굴처럼 동글동글합니다

빛살처럼 쏟아지는
청잣빛 겨울 햇살은
스웨터처럼
포근해서 아낙들이 좋아합니다

그대, 마구 쏟아지는
별똥별을 어디에 숨기셨나요
밤마다 아이가 되어
별의 약속 수시로 헤어봅니다

별똥별이 그리워

잠 못 이루는 이들
따뜻한 입김이
도란도란 모이는 곳
하늘동네
앞마당을 그냥 지나치지 않겠지요
여기는 민통선 이기울 마을

오빠의 숨소리

큰오빠, 흑백사진 속에서 웃고 있다

아들의 거친 숨소리에
부모님이 비틀거리는데
늘 보채는 아이
엄마의 빈 젖가슴을 아프게 비빈다

늦잠 든 젖먹이
새벽잠 놓치는 게 안쓰러워
식구들의 봄 양식
낯설지 않은 도둑에게 내어주신
우리 엄마
시치미 뚝 떼신 체
열여덟 살의 영혼을
고운 보자기에 담아서 주님께 올려드렸다

'하나는 떠나고
하나가 새로 와서 다행이다' 라는
바짝 마른 얼굴에
묵주 든 손을 얹으시고
얼굴도 포개셨다는

어머니는 하늘이 약속해서 노상 우셨다

말수 적은 아버지
울보 딸
사람 노릇 못하는 줄 알았는데
다리통 튼실하다며
바튼 기침 거푸 터져 나와도
순하게 웃으시는
이 봄, 지나간 아픔조차 참지 못하게 아름다워라

삶의 조각을 파종하다

올, 마지막 파종으로
가랑잎 쌓인 텃밭에 마늘을 심었다

도리깨 발아래
콩 알갱이 톡톡 튀는 날
여섯 쪽들에게 흙 이불 다독였다

내 삶의
마지막 파종 씨앗은
한 줌의 재가 아닌 몸 전부이다
조각조각 나눠지는 몸
빈자의 상처에서
봄의 마늘처럼 뿌리를 내리고 싶다

아가의 흐린 눈동자는
별처럼 반짝이고
다문 어미의 입술이
쉼 없이 기쁨을 펴 나르게 하리

파란 입술은
내 심장박동을 놓치지 않기를 기도한다

천사의 빛살

‘악마가 우리 곁으로 올 때는
천사의 빛살을 타고서 온다’ 하지요

거짓 빛살에 속아서
가시 돋친 말
절대자의 이름으로
쏟아내는 이
부대끼는 위장의 고통은 어쩌라고

누름돌과 보태서 대들보까지
남의 밥통에서
제 집이라 우기는데
‘辱하시오’가
名醫의 처방전이고요
입으로 못하는 욕
아~ 글씨
검지로 요렇게 욕합니다
진짜, 시원하다

시월의 기도

밤나무 아래
툭툭 떨어진 알밤
한 움큼 주워 든
작은 손
시월을 선물한
구월에게 작은 떨림으로 기도합니다

노루 꼬리마냥
짧아지는 가을 해
착한 겸손을 배우고
여름 내내 애써 붉혀 논
빨간 고추 다 내어 준
고추나무에게
살가운 나눔을 배웁니다

내 곱게 밟고 지나갈
시월이여
그대 그늘진 마음에 밝음이여
검은 송아지 눈망울에
숨어 흐르는 사랑이어라

가을, 아껴먹자

긴 장대와 바구니는
그냥 놔둔 채
조반 전, 밤나무 밭으로 달음질이다

엊저녁
바람이 심하게 불었나
밤나무 아래가
껍데기들의 반란으로 수런수런하다

이십년 지기
밤나무의 살신성인으로
빈 주머니가
다람쥐 볼처럼 볼록한데
시샘이 동한 가시가 손가락을 찌른다

손가락의
상처가 덧나지 않고
금새 아무는 이유
그 답이 가을의 맨손 안에 있다

키 낮은 꽃 무릇

두꺼운 눈 이불로
벗은 몸 가리고
엄동의 칼바람을 이겨낸
푸르디푸른 잎
겨울이 희끗희끗 머문 자리
그의 노래가
빗나간 내 시각과
겨울 내내 닫아 놓은 청각을 자극한다

냉이와 꽃다지 반지꽃처럼
교만의 고갤 숙인 채
모난 성격 동글동글
다듬는 법도 당찬 그에게 말없이 배운다

물욕의 껍데기를 깨뜨린
작은 손 흔들며
쨍한 햇볕이 소풍 오는 봄
긴 터널 속
비우지 못한 가슴앓이
무지의 날개를
꽃잎처럼 차곡차곡 접어놓은

그이와 나
텃밭 가장자리 키 낮은 빨간 꽃으로 서 있다

기억을 모으다

부르튼 상념들이
감자 넝쿨처럼 세상 둑길에 누웠다

키 큰 떡갈나무
속삭임은 이명으로 흔들리는데
구슬땀이 송골송골한
이마가 채송화의 꽃 인사를 받는다

버선발로 달려온
햇살이 눈을 찔러도 좋아
흐트러진 기억을
창공에 달아놓아도 좋아

곡차 한 잔 마시고
외발로 우뚝 선
재두루미와 춤 한 판 어우러진다

얼씨구나
집나간 기억들이 가쁘게 오시겠다

순교자의 바다

참을성이 부족한
어리석은 영혼의 절규처럼
흙탕물 뒤집어 쓴
염하강 유빙들의 반란이다

서걱서걱 오열하는
핏빛 숨결의 묵도가
유도를 에돌아
한강을 향해 거꾸로 흐르는데
순교자들이 흘린 피로
한강은 강이 아니고 붉은 바다이다

그대, 저 유빙을 따라
거센 강의 물살을 가르고
절두산에 오르시면
참솔가지로
군불 땐 아랫목처럼
따뜻한 위로와
당신과 나의 아픈 상처를
보듬어 안을

흰 옷자락의 영혼이 거기 계시다

빈집의 안부

막내가
빗장 단단히 걸고 나온 후
여태 아무도 살지 않은
그 집에 찬바람이 불어오고
가쁜 숨소리 들리는
캄캄한 밤하늘에 뿌연 달무리가 보인다

수전증 도진
어머니의 심장박동 소리는
점점 크게 다가오고
육십 촉 백열등 아래
검은 그림자가 덮치는데
기계음 소리에 놀란
어머니의 가여운 흔들림이 동공으로 엉켜든다

긴장된 시간이 지난 뒤
빈집에 다시 온기가 돌고
살붙이의 고른 숨소리가
방금, 잠에 깨어 난 몸을 느리게 덥혀온다

세 번째 친구

우물가에 터를 잡은
두꺼비
넙죽넙죽 아는 체하는 별난 녀석이다

부실한 몸
턱하니 받쳐주면서
탈무드의
'세 번째' 친구처럼
하늘길도 따라 나설 긴 다리
주님께 받은 날 수가
다 채워질 때까지 고생살이다

내 굴곡진 삶을 지켜본 사제가
노자성체* 모셔오고
꼬깃꼬깃 구겨진 지폐와 함께
눈과 신장이
낯선 이에게 쓰이는 날에도
충실한 종
내 다리는 천상지성소까지 동무한다

새집 주고 헌 집이 제몫이라

우겨대는 두꺼비는
볍씨 하나 입에 물고
뒤뚱뒤뚱
투박한 무명버선 한 벌에
길 바람난 순교자는
새집에서 더운물로 몸 씻고
분 냄새 폴폴 천 리 길도 단걸음이다

* 노자성체 : 죽음 앞둔 병자가 모시는 성체

2

조팝꽃 속의 어머니

사랑떡 찌는 날

흰 점박이 무리가 해를 삼켰다

개들의 발자국 사라진 뒤
길마저 떡가래처럼 구부러진 그 위를 차로 달린다

간발 차로 비켜가는
맞은편 차량
저승사자보다 더 무서운데
병사들 비질 소리와
눈 치우는 트랙터의 거친 숨소리로
마냥 훈훈한 이기울이다

하늘에서 내려온 흰 떡가루와
푹 삶은 팥 켜켜이 담은 시루
가마솥에 찌는 날
살가운 이웃끼리
눈송이처럼 부드러운 사랑떡 나눔하리라

가을의 길목

깊은 가을 속을 걸으면
쑥부쟁이 흰 머리와
조각보 뒤집어 쓴 코스모스가 자꾸 따라온다

뭉게구름 머무는 산마루에 서면
억새풀이 긴 머리 찰랑거리고
고개 하나 더 넘으면
술 취한 노을의 얼굴에서 막걸리 냄새가 난다

가을에 취해 주정하는 이 누구인가
너와 나
거짓의 옷 벗은 세상으로
사랑이라는 두 글자가
마중 오는데
가슴이 빨간 여주는
초승달 아래 서늘한 이불을 덮는다

어머니

밥을 먹지 않아도 배부르고
하루 종일 일하셔도
어머니는 늘 제자리 제 모습이시다

비 오듯 땀 흘리셔도
냉수 한 그릇 떠드리지 않고
책 보따리 내려놓자마자 밭으로 달려가
밥을 찾는 선머슴아를
덥석 안아 주시는
어머니, 검정고무신에 굳은살도 아프지 않다

동동 유월
툇마루에 엎드려 잡지책을 뒤적여도
언제나 미소 띤 어머니는
자갈밭 이랑에 땅거미 내려오면
저녁노을 머리에 이고
아이들이 재깔대는 집으로 바쁘게 돌아오셨다

무쇠솥이 뿜어내는 푸짐한 밥 냄새가
사립문을 나서고
저고리 앞섶을 스치는 소슬바람은

어머니의 아린 땀냄새를
전해 오는 이 가을
예나 지금이나 어머니는
저녁 상머리에 등잔불 켜 놓고 나를 기다리신다

출입금지

겨울잠에서 깨어난 파 마늘
앙증맞은 새싹이
무지막지한 패거리의 주전부리가 되었다

고추 모종, 콩 모종 낸
하루갈이 밭
놈들의 참살이 시식장이다

차우차우 보초를 서고
출입금지 팻말을 세웠어도
언문도 모르는 꼬락서니
맨날 밤마다
뭔 지~랄
서당 아님 학교에 보내야지
옆집 아저씨 왈
고라니에게 글 좀 가르치시기요

예! 아저씨가 잡아만 오시기요

종달새

꽃들의 느린 걸음 사이로
유월이 기웃기웃 청보리 누렇게 익어간다

소쩍새가
'솥 적다, 솥 적다'
올 농사 풍년이라 하는데
새끼제비들 아우성에
초가지붕 서까래 들썩들썩
종달새 노랫소리
들리지 않는
사태골 보리밭 억새풀만 무성하다

말뚝박기 즐겨 놀던
허물어진 토담은
나팔꽃, 메꽃의 놀이터가 되었네
아이들의 웃음소리
사라진 골짜기에
꽃소식이 줄지어 오는데
코흘리개 기억을 물고 온
종달새야
보리피리 만들어
봄의 소리 맘껏 불어보자

초록별 헤이는 메타세쿼이아

그도 이처럼 높은 하늘을
머리에 이고 있음을 모르는 거다

여름을 어찌 알고
장목 이파리로
살붙이 등짝 부채질하며
화수분이고 싶어하네

따뜻한 이파리로
차가운 발등을 덮고 선
키 큰 장승이다가
겨울이 춥다는 것 어찌 아는지
부르튼 뒤꿈치를 낮춘다

밤이면 초록별 하나 둘 헤며
비상을 꿈꾸는 이국의 여인
그녀의 이름이
늘 이름 없는 별처럼 낯설다

달걀 껍데기

어머니는 닭사료 한 포를 십리 밖에서 머리에 이고 오셨다

닭장에서 암탉이 울 때마다
따뜻한 달걀이 하나 둘 모였다
아버지 밥상에 달걀찜 한 탕기
출근하는 아들에게 따끈따끈한 수란이 오르고
오일장 서는 날마다 항아리 속에 달걀은
짚꾸러미에 묶여 노루목을 넘었다
부모님의 편애에도
나는 달걀 반찬 한번 넘보지 않고
달걀 양쪽에 구멍 내고 후루룩 마시는
오빠에게 껍질이 깨지지 않게 해달라고 했다

내 몫으로 남은 부뚜막에 달걀 껍데기 하나
생쌀 넣어 화로 불에 올려놓으면
보글보글 김이 들썩거린다
껍데기를 가득 채운 노릇노릇 고소한 달걀밥
그 밥이 고소한 건
암탉의 울음으로 만든 매끄러운 껍질 속에
작은 눈물이 고여 있기 때문이다

계집아이라는 연약한 껍데기
이명처럼, 맘속에서 자꾸 바스락거린다

—2011년 제11회 동서커피문학 참가상

효자

그대 아들에게
부엌 드나드는 문을 가르쳐 주세요

그들이 함께 만든 음식
식탁에 올린 후
감사의 기도 드리시고
아들의 수고도 칭찬하십시오

음식 만드는 일에 익숙한
그대 아들은
제 짝을 만나더라도
행여 삶의 지친 나날이어도
제 어미를 잊지 않을 것입니다

그대 아들은 며느리에게
사랑받는 남편으로
당신의 마음을 헤아리는
기억 언저리에서
형제간 우애의 높이
풍년 든 이기울의
노적가리보다 훨씬 더 높겠지요

그대, 아들에게
당신의 현 주소도 언능 가르쳐 주세요

처음으로

처음 알았습니다
헛아궁이에 따뜻한 계란을 꺼내면서
닭이 하루에 하나의 알을 낳는다는 걸
텃밭에 옥수수를 심어 놓고서야
한 대궁에 두 통씩 열리는 것을 알았습니다

처음 알았습니다
쌀쌀한 봄날 꽃들의 웃음은
진실이 아닌 헛웃음이라고
사금파리처럼 반짝이는 햇살 속에
가장구가 땅에 닿은 사과나무
오밀조밀한 복숭아는 몸으로 말합니다

성글게 열린 자두를 따면서
게으름 피우지 않는
나무들의 수고도 알았습니다
흙속에 주렁주렁 달려 있는 땅콩과
마늘종에서 자란 씨앗이
여섯 쪽 마늘로 보은하는 걸 받았습니다

선한 사람들의 마음조차

나를 더 아프게 하고
어렵사리 찾아온 기쁨조차
모질게 앗아가는 게
이 세상 이치라는 걸 터득 못한 채
수시로 찾아오는 행복도 그냥 지나쳤습니다

나 때문에
어머니 마음에 구멍이 뚫린 사실을
네 명의 자식을 출가시키면서
처음으로 안
지금, 아집과 어리석은 불치병이 겨우 보이기 시작합니다

보리밥

햇보리밥 한 술에
돌림병처럼 배앓이가 덧났다

고봉밥 사발에
감자가 많이 섞였지
꿀맛 나는 이밥도
쌀밥이 아닌 줄 금세 알았지
포실한 감자 으깨시는
어머니의 요술 주걱이
무쇠솥에서
탕탕 우실 때, 나도 따라 울었지

내 아픈 배 쓸어줄
우리 엄마
친구 따라 저녁놀 구경 가셨나
약발이 다 떨어져
보릿단 뒤에 꼭꼭 숨었나
헛아궁이 군불처럼
따스한 사랑이
무쇠솥에서 사각거리는 걸
커서, 나중에 알았네

생채기

가시덤불 여기저기
꽃송이 달고 순하게 웃는다

아지랑이 봄날
앞니 빠진 계집아이
주전부리가
쑥쑥 올라오는
찔레나무에 빨간 생채기가 피었다

우리 엄마 그리울 때
한 움큼 꺾어
볼 비빌 때 나던 그 향기
들녘마다 지천인데
눈부신 그대 할말 있지요
내 고향 소식 담아 왔지요

우리 엄마
훌쩍 자란, 딸내미 알아나 보실까

새참, 자동차로 달리다

무거운 새참 광주리
머리에 이시고
한 마장 걸어가시는 어머니
누룽지 한 움큼 쥐고
졸졸 따라나선 고사리손이
그저, 미성숙한데
새참 광주리에 똬리 받쳐주며
논밭으로 몰아내는
시어머니, 새가슴에 돌기둥 하나 박는다

모내기하는 날
푸짐한 새참을 자동차에 싣고
농로를 싱싱 달리는
참 좋은 세상
아킬레스건을 찌른
환도 뼈의 저림과
발바닥 티눈의 날선 통증까지
까만 눈동자에 흐르는
질박한 그리움이여
연분홍 찔레꽃잎 흩날리는 향수이다

희망의 빛

방 커튼 걷고
초승달이
잠든 이마를 더듬는다
순간
밤의 장막 찢어낸
찬란한 빛이
어둠을 몰아내고
가난한 자들이
더 많이 소유하는
아침 햇살이 곱기도 하다

자목련

시든 꽃 보며
자꾸만 울던 사내
꽃 진 날 가벼운 말을 버립니다

마리안나 미소로
눈물이 보석으로 빛나는데
창문 밖 어머님이
자목련으로 웃고 계십니다

등 시린 사내가
젤 좋아하는
자목련은 피울음 삼킨 꽃이지만
천 년 집 앞뜰에서
남은 자의 가슴마다
푸르게 푸르른
잔디처럼
우리 곁에 오래오래 머무십니다

—민영환 신부님 어머님 영전에

꽃들의 수다

한자리에 모일 수 없는
저들이 옹기종기 모여
누군 앞지르기를 하고
누군 게으른 미소로 한몫이다

복사꽃은 복스럽게
자두꽃은 새콤달콤한
웃음보따리 양지쪽에 푼다

명자꽃은 명랑하게
배꽃은 배시시
남경화는 남우세스레 웃는데
매실꽃은 맵시 나게
살구꽃은 살갑다는
저 꽃들의 신나는
세상에는 시기와 질투가 하나 없다

매화마름의 꿈

매화마름꽃, 흐드러지게 피었다

소금장수 소금꽃 피우고
이기울 아낙이 무명자락 펼쳤나
아침 햇살과 어우러진
붉은 노을이
이슬 한 잔 마시고 취해
뜸부기 저 놈과 시 한 수 읊조리자
샘이 난 눈썹달이
헝클어진 매무새를 가리키며
손가락질 하네

가슴팍을 적시는 탁한 미소와
트랙터 굉음 소리에
두터운 이불로
제 몸뚱이 둘둘 말고
문수산 소나무처럼
용이 승천한 못물에 뿌리를 박는다

봄의 찬가

채마밭 봄 싹들이
햇살 한 줌 머리에 이고
키재기를 하는데
움츠리던 마음이
상추와 시금치를 닮아 푸르다

가뭄 든 무논배미
해갈시켜 논 봄비가
약속한 건
참꽃과 자목련이 꽃보라 흩날려서다

깽깽이풀꽃과
고개 숙인 할미꽃이
마른땅에 꽃길 열어 놓았으니
나는야, 꽃길 따라
읍내 장에 꼬까신 사러간다

詩에게

내 고향 살가운 친구야
도랑물이 부르던 맑은 노래를 불러다오

꽃다지 냉이가 새눈 뜨는
초봄에
가슴 깊이 담아 둔
상처의 앙금일랑
시냇물에 흘려보내고
봄 냄새 나는 웃음꽃 보여다오

누렁송아지 덤벙대는
늦가을
비탈밭 감나무 아래서
떫은 감처럼
서툰 시어도 조잘조잘 불러다오

이 골목 저 골목
다 찾아봐도
보이지 않는 친구야
눈 내리는 날
너와 나
고향 집 앞마당에 발도장 찍으러 가자

별 마중

문수산 선이재*에
마음 착한 별아
너 떨지 않아도 될 봄날이다

글 솜씨 좋은 우리 오빠
하늘동네 별 소식과
부모님의 안부
눈물로 채워 쓴 편지
가슴에 품고 얼른 쏟아져라
먼발치서 내 발자국 헤이는
우리 오빠
그만 애태우고
머리에서 발등까지 쏟아져라

서쪽 마을 무지개 다리 건너
초록별이 그리워
밤마다 호롱불 밝히는 내게로
와서 흰머리 성성한
오빠께 줄 꽃편지 속달로 전해 다오

* 선이재 : 우리집에서 속눈썹이 닿을 듯 보이는 고개
* 울 오빠 43세 영면. 나 29세 때

조팝꽃 속의 어머니

상고대처럼 피어난
조팝꽃이 쌀밥으로 보여서
더 배고팠다지
흰 밥 알갱이 다닥다닥 달라붙은
조팝나무가 제 새끼에게
밥 알갱이 뜯어 먹이는 것 보고
어머니는
흰 쌀밥 고봉으로 퍼 담아
올망졸망 새끼들
한 끼라도 배부르게 먹이려고
그을린 부지깽이로
애꿎은 솥뚜껑만 두드렸다지
우수수 쏟아지는 꽃가루가
떡가루로 보여서 두 손 크게 벌렸다지
외할머니 생각날 때
질 시루 보듬고서
옷소매로 뜨거운 눈물 훔쳤다지
어머니는
어머니는 쑥버무리 한 시루 쪄서
친정나들이 가실 때
거적때기 가난 부엌바닥에 팽개치며

혼자서 펑펑 울었다지
어머니 냄새 고봉밥으로 퍼 담는
보릿고개길 옆 조팝꽃이
지금도 하얗게 꽃눈 내리고
어머니는 배고픈 눈 맞고도 웃고 계시네

—2012년도 제11회 동서커피문학상 시부문 입선

마른 콩 한 되

마른 콩 한 되
물 한 사발 들이킨 게
뭔 죄라고
어처구니와 맷돌의 젯밥 되었다

불어터진 콩
장작불 이글거리는
가마솥에서
간수 한 모금 마신
죗값으로
반듯한 두부 여섯 모 내놓는다

소금물의 간극으로
빈자貧者의 행복수치가 높아지는데
텅 빈 가마솥
왈, 검은콩이 날개를 달았나

아니, 예까지 불어온
참살이 바람을 타고
도시로 간 녀석이 콧구멍에 바람이 든 거야

성 목요일의 까떼나

십자가 위 주님이시여!
들꽃화관 바치오니
머리에 쓰신 가시관 벗어 놓으십시오

제가 뜨개질한 양말이
맨발의 아픈 상처를 가리고
털실장갑은
구멍 난 손을 어루만져 드립니다
피와 땀으로 얼룩진
주님 성용聖容에는
시냇물에 적신 무명수건이 오릅니다

십자가 위
"목마르다" 외치신
주님이시여
텃밭 포도송이로 즙내어
목마름을 달래드리고
뜨개질한 외투로는
늑방*에 난 상처를 가려드리고 싶습니다

어둠이 짙은 성 목요일 밤

목이 메는 제 작은 기도를
주님 어깨 위 놓아드리오니
무거운 십자가 잠시만
내려놓으시고 빈자의 가난한 기도를 용서하소서!

* 늑방 : 병사의 창에 찔려 피와 물이 흐르는 자리

역지사지易地思之

오른손잡이 부부가
멍석자락 반듯반듯 맞추느라 실랑이다

티격태격
그 소리는 지나가는
자동차 문을 두들기고
나락 멍석 이탈한
낱 알갱이는 허기진 새들의 배만 불린다

콩팥 튀고 가슴 뛰길
사십 고개
깨소금 볶는 손등은
가랑비에 촉촉이 젖어드는데
살가운 제 짝의 속마음
진즉 알고도
미간엔 웃음꽃이 수시로 피고 진다

거울 속 여자

가무잡잡한
이마에 행복한 주름이
그려져 있다 하는 이
수수한 옷매무새가 우아하다 한다

짤짤 끓는 아랫목 찾는
살가운 이
거울도 안 보는 여자
달달한 차 마시며
까칠하고 차갑다니 말솜씨 참 이상하다

누가 참 벗이냐고
관솔불처럼
제 몸 달군 여자가 물으면
날 선 아픔
다독이는 지혜가 있어
빗나간 마음을 무명실 비단실로 깁는다

오동나무 꽃 필 무렵

이기울 지킴이 오동나무에 보랏빛 꽃 피었다

꽃이파리 뿜어내는 향기는
일손 논 영감님들의
수런수런 이야기 속으로 빠지고
모내기 하는 날
따뜻한 밥 한 술 기다리는 건
영감님들의 사치스러운 생각
멈춰버린 동네 인심에
애꿎은 담배연기만 자꾸 뿜어댄다

전화 한 통화에
새참이 논두렁까지 달려오고
물못자리 사라진 논배미에
못줄 잡이 흥겨운 가락이
수렁 속으로 천천히 가라앉는데
오동나무 아래
쓰레기 줍고 비질하는 노인들의
순하고 낯익은 얼굴에
따사로운 햇살이 자주 빛으로 드리운다

가을 꽃 사랑

멍석 한 잎
펴 놓으면 딱 맞을 꽃밭에
가을이 기뻐하는
꽃. 노랑, 파랑 피었습니다

늦더위가 식어가는
꽃밭에서
사랑을 속삭이는
바람둥이
검은 날갯짓으로
이 꽃 저 꽃에게 사랑을 구걸합니다

나도 저 나비처럼
내 마음 앗아간
저, 꽃에게 같이 살자고 애걸합니다

감자 가라사대

몸뚱이 하나에
눈은 여러 개 있어도 앞을 못 보는 바보다

그 불구의 몸을
토막 내자
순한 눈물 뚝뚝 흘리는 감자
상처 난 알몸으로
밭이랑에 내동댕이쳐진
차가운 아침
흙 이불 꾹꾹 눌러주며
숫처녀인 날 보고
아들 딸, 순풍순풍 낳으라 한다

흙속에 든 새끼들과
한 몸을 이루는
이기울 산파의 행복지수가 쑥쑥 오른다

감나무 추억

서릿발 짙은 감나무 아래
식구들 발자국이 우르르 모여들었다

내 주먹보다 큰 감을
질 시루에 차곡차곡 담아
시렁 위에 올려놓으신
우리 엄마
그건, 외아들 몫이라 넉넉해 하셨지

여시 도둑 광 방을 나설 때마다
연시감 하나 둘 사라지고
언니의 발빠른 고자질에
엄마 볼우물에 웃음꽃이 피었다

텃밭, 대봉감 나무
어릴 적 추억들이
감잎처럼 쏟아지고
시루에는 빨간 그리움이
켜켜로 쌓이는데
감나무 밑에 두 눈 가리고 서서
이름도 얼굴도
지워져가는 친구의 이름을 가만히 불러본다

설날

20문 19문 15문
타이어표 검정고무신
대문을 넘나들고
대청마루엔
교자상 삼형제 얼굴을 맞대고 섰다

시끌벅적 음식 맛 좋다는
너스레에
저 골병드는 줄 모르는
빈 그릇들의 푸념이 흥겨운 장고 가락이다

쉴새 없이 펄럭이는
김치광 거적문에
시린 손자국 연신 찍어도
언 손끝이 마냥 달떠
빈 김칫독, 휑한 가슴팍도 시리지 않다

설날은
아이 어른 모두에게
복이 내리는 날
남편의 꾹 다문 지갑이

수시로 열리고
허름한 내 주머니는
고향 이야기가 가득 채워지는 날이라서 좋다

3

아름다운 용서

행복의 출산

첫 걸음 뗀 아이가
서툰 걸음마로
바깥 구경 나서는데
나이든 동공이
재 넘어 남실대는 신비가 보인다

우리 엄마
꽃상여 타고 가실 때
이 둔한 죄인
시린 발바닥 간질인 친구야
숨바꼭질 그만 접고
밤사이 한 뼘이나 자란
응석받이와
걸음마 뗀 아이가 피운 꽃
우리도 피우자

서쪽 하늘 붉은 노을이 지고
아침 태양이 뜰 때까지
목젖이 보이도록
실컷 웃다보면
너와 나 아이가 되어
행복의 출산이 가까이 와 있다

가을 이야기

도리깨가
내 발 때리는 줄 모르고
힘껏 휘두르는 타작 마당에
콩알, 팥알들이
잔디밭 돌 틈새에서 숨바꼭질 하잔다

낱 알갱이 한 톨도
길짐승 날짐승에게 양보 못하는
어머니를 따라서
나도, 흩어진 알곡을 알뜰히 주워 담는다

낱 알갱이
주워든 작은 손의 기쁨과
도란도란 속삭이는
둥구미 속 가을 이야기가
가슴에 와 박히는 걸
어느새, 땅거미 내려오고
서늘하던 가슴이
군불 땐 아랫목처럼 따뜻해져 온다

아름다운 용서

목젖이 떨리는 여자의
촉촉한 물기가
심장을 에돌아 손등으로 쏟아지고
용서의 단어가 제 몫일 때
자꾸만 자라나는 교만의 싹과
천 길 낭떠러지기로 추락한
자존심에 어두운 그림자가 덮쳐오네

오, 착한 나의 친구여
그대 가슴에 온기가 돌고
입가엔 부드러운 미소가 번지네
아집을 버린 주먹은
달가운 이웃에게
기쁨을 펴 나르는 손이 되리라
미움은 사랑되어
남의 아픈 마음을 다독이고
빛은 신앙을 키우는
텃밭이 되어
이 생명 다하도록 하늘에 감사하리라

이제, 소낙비에 젖은 땅은

편편한 마른땅이 되고
캄캄한 세상에 밝음이 찾아오는
그대 착한 마음에
내 살 떨리는
겨울 마음이 봄눈처럼 녹아내리네

꽃 마실

때 아닌 함박눈이
하얗게 부서지는 하늘이 시리다

수양버들 가지마다
연둣빛 햇살이 찾아오는데
단걸음에 닿을 집과
꽃사돈 맺은 술친구들
외딴 집 마당에 멍석 한 잎 깔아놓았다

권 커니 자 커니
대낮부터 농주사발 기울이는
걸걸한 웃음소리에
아버지의 선한 웃음이 섞여 계신데
낯선 이도 덩달아
흥겨운 술잔치 마당에
볼우물 가진 아이가 꽃 마실 나온다

아버지의 지게

추녀 아래 지게 형제
아버지 등에 업힌 자식이다
논밭을 오가거나
나무하러 산을 오르실 때도
어깨 위 턱하니, 야윈 등허리를 비빈다

초가지붕 이엉 덮던 날
볏짚으로 멜빵 엮고 등태 만들어
새 옷 단장 시키시고
'올, 풍년 농사 네 덕이야' 라시던
아버지의 다정한 목소리가 지금도 들린다

작대기 움켜쥐고 녀석에게 무릎 꿇던
우리 집 여자들
손등 핏줄이 실타래처럼 엉켜도
한마디 불평 없는 착한 딸들이
아버지 눈가에서 점점 멀어지는데
졸지에 아들 셋 가슴에 묻고
숨어 우시던 아버지
하늘이 미안해서 각시봉 그늘에 노구老軀를 가두셨다

앙상한 등 벽에 기대신 채
십 년을 묵도하신 내 불쌍한 아버지
멍든 가슴에 피눈물을 포개시면
난, 헛간 귀퉁이 비쩍 마른 지게에다
그리움 한 짐 짊어지고
검불처럼 가벼운 아버지를 눈물로 닦는다

이기울에 오시면

가슴이 답답한 사람들
아카시아꽃 터널을 뚫고
달구지 덜컹이는 오솔길 돌아서
이기울 들녘으로 발길을 돌리세요
그곳에는
햇볕에 그을리어 검게 탄
사내들의 가슴에서
기관차 맥박이 용솟음치네요
가슴이 허전한 사람들
백로 떼가 자맥질하는 이기울로 오세요

그곳에서
농부들의 구릿빛 미소도 만나시고
보살피는 이 없어도
이름 모를 들꽃의
잔잔한 행복을 담아 가세요

삶의 의미를 찾지 못하는 사람들
용의 눈물을 먹고 자라나는
매화마름이 출렁이는 이기울로 오세요

그곳에서
헬 수 없이 많은 생명들
저마다 목청껏 노래하는 그들과 휘파람을 부세요
푸른 하늘을 날고 싶어
몸살이 난 사람들
큰고니 떼 찾아오는 머머리섬으로 오세요

그곳에서
수많은 철새들을 만나시면
마음의 날개가 돋고
욕심의 부리가 무뎌져
새털같이 가벼운 몸
하늘 높이 날아갈 수 있지요

콩밭에서

호미 들고
풀과 씨름하기 반나절
새벽부터 헤집어 논
밭고랑엔
나풀대는 콩잎들이
옆 가르마 탄
볼 붉은 아이처럼 예쁜데
사람과 곡식에게
'가장 좋은 두엄은
여자의 손끝이여' 라시던
代母님
"손끝에 눈이 찔려도 좋은가요"
말대꾸하는
代女의 콩밭 매는 솜씨
봐줄만 하신가요

손, 부끄럽다

파란 새순이
나뭇가지마다 떫은 감꽃을 달아 놓았다

앵두꽃 이파리
다 앗아간
염치 좋은 바람의 손이
열매까지 털어내고
대신, 거지주머니 달아놓은 심보가 야속하다

햇살의 무게가 벅차다는
복숭아꽃
그의 수고는 어디에
애기 열매들이 바닥으로 우수수 떨어진다

이 볕 좋은 날
잔디밭 잡풀은 어쩌라고
개미들의 먹이와
보금자리까지
거칠게 헤집어 놓은
팍팍한 손이 부끄럽다

미안합니다

끼니마다 쌀밥을 푸면서
미안한 손
하루같이 논 물려주신 부모님께 감사하다

사방팔방 흩어지는
낱 알갱이
갈무리를 미뤄둔 채
잘잘 끓는 아랫목에
빈둥거리는 몸뚱이
순한 겨울에게 정말 미안하다

어머니는
아침밥을 손수 지으시는데
저는, 뒤란 우물에서
물 한 동이 길어올 일이지
이불 속에서 헛맹세만 잔뜩 쌓아 놓았다

이제, 미안하다는 말
어디로 고할까

인 연

저녁 진지 드신 날이나
안 드신 날이나 매한가지 언성이 높으시다

가시 울타리에
목울음 삼키는 작은 가지 하나
무지를 흔드는데
어두운 터널이 연거푸 쏟아내는
찌꺼기 눈맞춤에
참을성을 상실한 손바닥이 횡포를 부렸다

고깃점의 아우성으로
점심상이 바닥으로 흩어지고
내 설운 삼십 년과
자존심마저 낭떠러지로 추락이다

우리 사이를
가로막은 장막帳幕이 찢어지는 날
손때 묻은 나의 기도가
푹 꺼진 가슴에 오르고
엇박자 인연은 마침표를 찍었다

그새, 천상 저녁 진지 잘 드셨나
얼굴이 깨끗하시다

밤의 무희

무희들 춤사위에
여름밤이 파랗게 타 오른다

풀숲의 광채가
맨발로 뛰어나온
코흘리개를
빙글빙글 돌리는데
선한 눈동자가
고향 하늘에 별을 총총 박는다

그이와 내게
호롱불 하나 들려준
반딧불이는
단발머리 계집애 머리핀에
나비 문양 수를 박는데
꽃바람 난 아가씨는
오빠가 꽂아 준 머리핀에
꽃수를 놓다가
아차, 그만 새벽을 놓아 버렸다

한 모금의 물

남편은 지게에 지고
나는 머리에 이고, 논배미로 모판을 옮겼다

써레가 거칠게 지나간
옆 논배미서
과수댁이 고무래로 흙 고르기 한다

남편과 둘이
작은 병의 물 반이나 마셨다
반 병의 물 받아든
흙 묻은 손의 얼굴이 하회탈이다

낮달이 웃는다
물 한 모금의
감사가 들꽃처럼 아름다워서

착각

자식을 네 명이나 둔
빚쟁이
사십년 넘게 갚아도 잔액이 남았다

우라질 빚 청산은
그저 진행 중
삶 전부가 논두렁 밭두렁이다

다랑이논과 자갈밭
빚쟁이 몫으로
갈래길처럼 이리저리 갈라질 날
저절로 다가오는데
부모라는 이름이 뭔 죄라고
언 발 동동거리며
겨우살이 준비하는 건 손의 착각이다

나중에 시야가 흐려지고
정강이가 시려올 때쯤
그게 허구라는 걸 스스로 알거다

창호지 문구멍으로

자식들의 안부
바라기하는 게 부모의 기쁨이라니

이런, 어처구니가

셈본, 잘하자

하나 더하기 둘
세 살 박이도 다 아는 계산법이다

딱 맞아 떨어진
제 계산법을 기뻐하기는 이르다
양손에 움켜쥔 아집들이
굴뚝의 연기처럼 사라진 후
가난이 차곡차곡 쌓이고
이웃들이 거칠게 떠나가는 사실을 안다

끼니마다
먹을거리가 넘쳐나는 건
서툰 내 계산착오
아니, 살가운 이의 넉넉한 계산법이다

저도 모르게
여기저기 씨앗을 흘려 놓아서다

눈꽃 소식

어깨 위 사뿐히 내려온
흰 꽃송이여 지친 하루 덮어 주소서

소리 없이 다가온
그대 가슴에 눈물 도장 찍으면
고향 집 앞마당에
소복이 쌓인 눈꽃 소식 도란도란 들립니다

사랑방 굴뚝에 저녁 연기
모락모락 피어오르고
무쇠화로에 포실하게 잘 구워진
호박고구마가 군침 돋우는데
살얼음이 살짝 언
동치미 항아리에
어머니의 투박한 매무새가 보입니다

시린 눈발 툭툭 치는
이기울 하늘에도
내 고향 양지가 보이고
썰매 타는 아이들의
재미난 웃음소리가 이불 속까지 들려옵니다

빗장의 소임

봄 씨앗들이
파릇파릇 움트는 푸른 세상이다

묵정밭 이랑 수가 늘어나면
소갈딱지 씀씀이 평수도 늘어나서
처음 보는 사람도
내 것 네 것 가름이 안 되는 피붙이 살붙이다

호미자루 씻김하는
손의 얼굴도 꽃 천지 새 천지
매정스레 닫아 놓은 빗장이
제 소임을 다하는 새벽이 밝아온다

새들의 교향시

햇살 기둥 세수하고 몸 씻는
작은 숲속 옹달샘
새벽부터 물 마시러 나온 까투리
어린 새끼 품으러
서둘러 떠나고
어미 황조롱이 환호에
뻐꾹새 노래는
떡갈나무에 부딪쳐 메아리로 들려온다

저 순한 나무들 발로 차고
망치 든 손으로 몽니부리는 자야
부스럼 딱지 떼어내고
푸른 새살이 돋아나는
상수리나무와
흉년 든 묵사발의 절규가 부끄러워야 사람이지

송홧가루 흩날리는 긴 봄날
소나무 그늘 아래
널평상 하나 펴놓고
장기 한 판 두는
그이와 나를 신선도 부러워하렷다

우리, 알량한 물욕의 껍질은
훌훌 벗어버리고
개울물에 손 씻고 땀 씻고 마음도 씻어내자

노랑 장미에게

꽃 모자 쓴
그대와 마주할 때
어머니 자궁 속에 노닐던 심장이 출렁한다

그대의 향기
노랗게 피어나는데
일터에서 돌아온
그이 밥상차림이 대수야
저녁 해가 저물기 전
노랑 장미에게
어서어서 웃음꽃 선물해야지

봄여름, 가을, 그리고 겨울이

봄 마늘밭
푸른 잎들의 만세삼창이 마을회관까지 들려온다

무릎이 성하거나 말거나
십 원 내기 화투판
접어놓은 사람들이 호미 들고 달음질이다

씨감자를 묻어 놓은
밭이랑이 어느새 배불대기가 되었다
내가 싫어하는 일事복福이
한 여름에 팡 터져서 제정신이 아니다

아이들의 주전부리 홍시가
잡새들의 배만 불려놓아서 속상한데
껍데기를 뛰쳐나온 알곡들이
가을 내내 애쓴 손에게 보은을 하고
하늘의 은총이 겨울이라는 쉼을 내려놓아 감사하다

"논두렁 밭두렁에 발도장을
부리나케 찍어야 소출이 늘어난다" 하시는
어른들의 말씀이 옳다는 것은 아는데

늦가을에 심어놓은 마늘이
언 밭에서 얼어 죽지 않은 이유를 아직도 모른다

은총의 샘이신 어머님께

주님의 어머니 나의 어머님
육체의 고통과 언어의 폭력에서
아픈 영혼이 주님의 전에서 감히 머리를 조아립니다.

유다처럼 실망 죄에 빠지지 않게 하시고
제가 스스로 포기하지 못하는 물욕과
먼지처럼 사라질 탐욕에서 어서 벗어나게 도움 주소서!

머릿속에 박혀 있는
시기 질투 성냄의 따가운 가시와
뼛속을 난도질하는
날선 통증 때문에 흐트러지는 제 영혼을 가여워하소서!

서늘하게 다가오는 눈초리에도
어머님의 침묵을 말없이 사랑하며
아파하기보다 그들을 이해할 착함을 기구합니다.
그늘진 얼굴이 봄햇살처럼
따뜻한 사랑으로 거듭나게 도와주시고
이웃의 아픔도 기도하며 그들에게 살가운 벗으로 머물게 하소서!

제 차가운 눈가에 말간 미소를
혀와 입술에는 솔로몬의 지혜를 주시어
이웃을 함부로 비판하지 않고
어머님께서 아기예수님을 사랑하시고
저를 사랑하시듯
제 이웃을 살붙이처럼 다독이며 사랑하게 하소서!

사랑의 못물이신 어머님!
주님 부활의 기쁨과 어머님의 쉼 없는 사랑을
장미꽃, 백합꽃 향기 그윽한 이 밤이 가고
제 생명이 다 스러지도록
아이처럼 달뜬 맘으로 입안 가득 노래합니다!

—2012년 5월 25일 성모의 밤

그리울 때

하얀 눈
소복소복 쌓이는 날
눈송이 타고
임의 어깨 위 사뿐히 내리겠네

질화로에
불씨가 꺼질 세라
우리 엄마
가슴 조이며 내 발소리 헤이셨지

외로워서 시린 손과
그리워서 시린 손이
마주앉아 언 볼 비비고 또 비볐다네

엄마처럼
외로워서 시려오는 손은 누가 안아줄까

메주 이야기

여장부 어머니도
힘겨워하시던 메주쑤기
엄두가 나지는 않지만
큰 맘 먹고 가마솥에 장작불을 지폈다

마당 귀퉁이 걸어놓은
가마솥의 호흡은
길들이지 않은 농우農牛가 달리는 소리다

어릴 적
어머니는 메주콩 먹지말라 하셨지
밤중 칫간* 갈 때
산에서 호랑이가 내려와 업어간다는
가당찮은 말에 여시*가 홀딱 속아
마음 놓고 먹지 못한 콩을
농사 짓느라 부르튼 손으로 반대 질한다

한 덩이 두 덩이 절구에 찧어
양지바른 처마에 걸어 논
알몸의 메주처럼

사십 년 지기 부부 사이가
숙성이 가능하다니, 메주덩이가 웃겠다

* 칫간 : 화장실의 전라도 사투리
* 여시 : 여우의 방언

편지, 가슴에 품다

누렇게 찌든 편지에 꽃 그림이 한 가득이다

언 땅 비집고 나온 새순 이야기가
그저 진행 중인데
살구와 자두, 작약의
종알종알 수다로 편지지가 떠들썩하다
열매보다 연분홍 꽃 잎사귀가
더 예쁜 모과꽃과
금낭화의 웃는 모습까지
누렇게 빛바랜 종이에 그대로 살아있다

노란 봄 병아리 삐악삐악
목쉰 소리에 취하고
아카시아 꽃향기에 취해서
아차, 새벽을 놓쳐버린 실성한 여자가
옥수수 알갱이 톡톡 씹으며
봉숭아 꽃물 들이는
저녁나절 풍경을 삐뚤빼뚤 담아놓은 글씨가 선명하다

편지봉투에 우표는 붙이지 않은 채
가슴에 품고 살다가

나중에 어머니께 부치려고 하는데
우체국 창구에 그 많은 우표가 다 사라졌다
우체국에 근무할 적
크리스마스실과 기념우표 한 장씩
주머니 속에 사알 짝
숨겨야 하는 걸, 내가 너무 멀리 와버렸네

젠장, 어머니 얼굴이 가물가물하다

서툰 사랑

죽음의 고통이
더디게 빠져나간 후
그 사람도
내가 아플 때마다
같이 아파하고
다문 입술이 가끔씩 열린다

그의 서툰 사랑은
입으로 토하는 게 아니라
눈으로 속삭이는데
입술만 쳐다보며 귀머거리로 살았다

까까머리 머슴애야
초사흘 달
마실 나온 뜨락에서
슬픔처럼 가버린
계집아이 여태 못 잊나

은방울꽃

아침마다 저 은종 누가 울릴까
꿈속까지 찾아오는
저 고운 소리
벅차오는 가슴을 주체할 수 없어라

새벽부터 꽃향기 누가 퍼 나를까
창문 넘어와 선잠 깨우는
은은한 꽃향기
아침 햇살 속으로 숨어버리네

아기자기 저 은종 어느 임의 솜씨일까
예쁜 내 딸처럼
빚어 놓으신 꽃이여
아장아장
우리 아가 발목에 달아주면 좋겠네!

들깨 모종을 내면서

보리밥
한 양푼 비빌 때 나던
그 냄새 들깨모종 뽑아내는 손에서 난다

한 여름 하얀 꽃에서도
노각무침 할 때처럼
들기름 냄새가 콧등을 문지른다

끈적이는 여름날의 수고로
여물던 알갱이
알알이 떠나가는 껍데기서
가을 냄새가 나는데
버거운 등줄기의 땀구멍이 자꾸 열린다

알갱이가 빠져나간 대궁은
불 속에 던져지고
겨울 손님 기러기는 치솟은 불길 따라 여기로 온다

어쩜, 저 새들의
콧구멍 평수가
들깨 냄새와 가을 냄새까지 기억을 하다니

日常

가쁜 가슴 쓰다듬는
검은 무늬가 지친 하루 느리게 포옹한다

흐린 기억
박차고 나온 샛별이
아침밥 짓는 아낙 볼우물에
물봉숭아꽃 이파리
사알 짝 내려놓는데
알집에 쌍알이 쌍으로 든
꼬꼬댁 꼬꼬고
꼬꼬댁 마당에 봉숭아꽃 화들짝 피었다

부끄러운 기도

하늘이 말간 가을
주님 사랑이 밤하늘의 별처럼 총총 쏟아집니다.

느지막이 시작한 농사일 버겁긴 해도
땀으로 얼룩진 밭이랑마다
곡식들이 여물어 갈 때
기쁨이 넘쳐나서 누가 시키지 않아도
두 손이 가슴에 포개지고
반짝반짝 입가에 순한 미소가 번집니다.

알밤을 쏟아내는 밤송이와
주렁주렁 달린 대추가 농사일로 찌든 눈에게
착한 호사를 안겨줄 때는
곡간 가득 알곡을 쌓아놓은 머슴손이 대견해서
"우리 집 풍년이라오."
하고, 농사솜씨 자랑을 마구하고 싶습니다.

저의 부끄러운 고백을 받아주시는
주님, 스스로 비우지 못하는 죄의 용서를 간구합니다.
샤머니즘의 색깔이 강한 시어머니와 갈등
병마로 심하게 망가진 내 몸뚱이

그 앙갚음이 고스란히 남편에게 전해지는데
바보처럼, 깨달음 없이 나이만 계속 늘어갔습니다.

주님, 부끄러운 제가
“너희는 형제에게 앙갚음을 하거나
앙심을 품어서는 안 된다.
네 이웃을 너 자신처럼 사랑해야 한다”는
레위기 19장18절의 말씀을 묵상한 후
이 죄인을 진작
거두어들이지 않으신 주님 은총에 감사를 드렸습니다.
그리고 남편의 손을 꼭 잡고
“그동안 정말 미안하다” 하고 사과를 했습니다.

마리아를 정말로 사랑하시는 하느님!
제가 저를 사랑하는 것보다
더 많이 저를 아끼고 사랑하시는 하느님
제 자존심 모두 버리고
이웃의 심판자가 아닌, 달가운 벗이 되도록 제 입술을 다스리소서

또한, 주님께서 허락하신 나날이 다 채워질 때까지

제 귀가 '남의 말을 제대로 식별하고'
고개 숙인 저, 누런 벼이삭들의 겸손을 배우게 하소서
헤픈 씀씀이도 줄이고
가난한 이들을 위해 제 손 부끄럽지 않게 하시며
덤으로, 주님의 사랑을 그리는
우리 동네 고운 글쟁이로, 오래오래 머물게 하소서!
아멘.

—2015년 본당 설립 50주년
성서 40주간, 3조 辛相淑마리아

운동화 한 켤레

새 신발 신고
논둑길 걸어가는 발이 행복하다

생일날 내 발에게
선물한 싸구려 운동화 한 켤레
발바닥이 폭신해서
콧노래가 저절로 나오는데
맨발의 기러기 떼
제 고향으로 날아갈 채비를 한다

왁자지껄
시끄러운 무소유의 다툼이
내 삶의 무게를
햇살 드리운 봉당에
사알 짝 내려놓으라 하는데
먼 먼 남녘으로 떠나는
맨발의 신사들아
겨울 양식은 꼭 챙겨가기 바란다

가을 여인

고춧물 빨갛게 든 손끝이 아리고 맵다

태풍에 허리 꺾인 고춧대
바로 세우느라
푸른 고추가 얼굴 찌르는데
숨어 우는 쓰르라미
고개 숙인 분노를
어찌 알고 왼 종일 소나기 울음이다

알곡이 뒤주에 넘치고
떨어지는 낙엽도 지폐로 쌓이는
후한 가을이 와도
고추보다 매운 눈물샘이 마르지를 않는다

영글어 가는 햇살에
북받치는 설움을 토닥이는
가을 여인은
고추보다 붉은 눈물 편지를 읽는다

■2015년 김포지구 순교자 현양대회 신앙수기 수상작■

성총을 가득히 입으신 마리아여!

조상님께 신앙을 물려받은 형제자매를 가리켜 구교우 또는 치명자의 후손이라 하는데 내가 바로 여기에 해당된다. 증조할아버지께서 치명하시자 아들 형제와 함께 신앙을 숨기시고 사시던 증조할머니는 어쩔 수 없이 비신자를 며느리로 맞아 드리셨다. 헌데, 그 며느리가 손주들이 아플 때마다 장독대에 정한 수와 촛불까지 켜 놓고 푸닥거리를 하는 게 아닌가. 화가 나신 증조할머니는 이것저것 다 쏟아버리셨다는 이야기를 언니에게 들었다.

봄가을, (판공)한 차례씩 옷을 곱게 차려입으시고 나들이를 하시던 증조할머니께서 돌아가실 때가 다가오자 "나의 죽음을 용인 어느 마을 누구에게 알려라" 당부를 하신 후 운명을 하셨다. 부음을 받자마자 득달같이 달려온 낯선 사람들이 무어라 '중얼중얼'(연도) 읊어대는 소리를 할머니는 하나도 못 알아들으셨다 한다. 게다가 장례를 치르고 난 이들이 아버지의 형제 사남매를 자기들이 사는 용인 땅으로 데려다 놓았다 하니, 아마도 아버지 형제분들이 그곳에서 늦은 나이에 영세를 받으신 게 아닌가 싶다. 작은 아들마저 앞세우신 증조할머니의 탁월한 선택과 교우들의 공동체가 참으로 존경스럽다.

낯선 땅에서 어린 자식들과 어찌해야 좋을지 막막한 할머니께, 어느 형제가 팔아오라며 내놓은 뚝배기와 항아리뚜껑 등등 자잘한 옹기가 작은 큰아버지의 첫 작품이었다니! 작은 큰아버지께서 눈썰미가 좋으셔서 누구의 가르침 없이 어깨너머로 배운 솜씨가 옹기를 빚어내시고, 할머님께서는 그 옹기를 머리에 이고 이 마을 저 마을로 장사를 다니셨다. 덕분에 가족들이 굶주림에서 벗어나고 재산도 조금씩 늘리게 된 것이다.

둘째 큰아버지는 용인 땅에 남으시고, 큰아버지와 아버지께서 할머니를 모시고 경기도 광주군 도척면 어느 점마을로 이사를 하신 후, 논과 밭을 장만하시어 농사를 업으로 하셨다. 첩첩산골, 김대건 신부님의 성무 활동지, 이리저리 둘러보아도 모두가 교우집 형제처럼 지내는 사이다. 그리고 박해를 피해서 모여든 치명자의 후손들이 옹기를 구워내던 동네가 바로 점마을이다. 옹기조각이 여기저기 수북한 점마을의 유래를 알기 전까지는, 내가 살고 있는 동네가 점마을이라는 사실이 창피했다.

남자 교우들이 구워낸 옹기를 여교우들은 머리에 이고 행상을 다녔다 한다. 화폐가 귀하던 시절이라 옹기와 곡식으로 물물교환이 이루어졌다. 때문에 옹기를 팔아도 무게가 줄어드는 게 아니라 점점 더 무거워졌으니, 움츠러든 여자들의 목과 어깨가 자라목이 따로 없을 게다.

어머니 말씀에 의하면 할머니보다 앞서 돌아가신 할아버지께서 종부성사도 받으시고 임종 준비를 아주 잘 하셨다 한다. 이 모두 교우촌으로 이사한 덕분이 아닌

가. 그러나 지금까지도 안타까운 건 아버지 형제분들이 치명하신 증조부의 이름과 본명조차 기억을 못하신 거다. 짐작으로 죽산 어디 줄무덤에 계시리라 믿으셨다. 아버지께서 늘 "증조할아버지 본명만 알아도 복자품에 오르시는 건데" 하시며 속상해 하셨다.

까마득히 먼 옛날 부모님의 아침저녁 기도소리가 어머니의 뱃속까지 들려왔다. 하여, 아이 때부터 천주경과 성모경, 또 종도신경, 천주십계까지 달달 외웠다. 아침저녁기도는 물론이고 집을 나갈 때와 집으로 돌아와서 드리는 기도까지 게을리 하지 않았다.

덕분에 어른들의 칭찬이 늘 따라다녔다. 봄가을 판공 때도 신부님께서 문답찰고 잘한 대가로 상본 한 장 주실 때는 정말 기뻤다. 어린 나이에 첫 고해와 첫 영성체도 영하고, 그것도 성당에서가 아니라 공소에서 말이다. 견진성사는 열두 살에, 이천성당까지 삼십 리를 걸어가서 노기남 주교님께 받았다.

그 시절 명절보다 더 즐거운 날이 바로 판공날이다. 고해성사와 성체성사를 준비하는 교우들의 모습 또한 얼마나 진지한지, 전날 저녁부터 다음날 아침까지 아이 어른 모두가 공심제를 지켰다. 거기에 비하면 지금의 신앙생활이 너무 가벼운 건 아닌지 가끔 묵상을 한다.

얼마 전, 주일미사 때이다. 신부님께서 성체거양을 하시는데, 벅차오른 가슴이 첫 영성체 때의 기쁨으로 쿵쿵 울리는 것이다. "오! 주여 무지한 제 영혼에게 이 기쁨 오래 머물게 하소서!" 그날의 환희가 어디로 숨어 버렸

나 감감 무소식이다.

지금은 잘 포장된 길 덕분에 내가 자동차를 운전하면서 성당에 다닌다. 그러나 어릴 적에는 교통수단으로 두 다리가 전부다. 하여, 일년에 겨우 두 차례 고백성사와 미사참례를 할 수 있었다. 지금의 사람들 배정기排定記가 뭔지 모를 거다. 배정기는 본당신부가 관할 공소를 순방하기에 앞서 미리 공소 방문 일정을 배정해서 각 공소에 보내는 사목 서한이다. 이 배정기가 여러 장이 아니라 달랑 한 장이 사람의 손을 거쳐 공소를 돌아가며 신부님의 방문과 판공 날짜를 알리는 것이다.

큰아버지께서 어린 나에게 이 심부름을 시키시며 하시는 말씀이 "너 이담에 천주님께 배정기 돌렸다고 아뢰어라. 얼른 천당문 열어주실 거다." 하시며 껄껄 웃으셨다.

요즘 첨례표(축일표), 이 단어도 사라졌다. 지금처럼 성당에서 달력이 나오는 게 아니라, 첨례표 달랑 한 장이 전부였다. 주일날에는 공소 회장님이신 큰아버지댁에서 동네 교우들이 공과 책으로 주일첨례를 바쳤다. 농사철에는 파공관면이 주어지는데, 봄 판공 때 신부님께 허락을 받아야만 가능했다. "의행지덕宜行之德(마땅히 실천해야 할 덕)과 당무지구當務之求(마땅히 실천해야 할 일), 옛날 성경에 나오는 말이다. 주일첨례를 바친 후 아버지께서 성경을 봉독하실 때에는 여간 지루한 게 아니어서 몸을 비비꼬았다.

가난과 불행은 대물림이 된다고 누가 말했던가! 이 나

쁜 것이 신앙으로 똘똘 뭉친 아버지의 곁을 영 떠날 생각이 없다. 소유한 모든 것 다 빼앗아가면서, 다섯 살 박이 막내를 시작으로 내가 태어나자마자 열여덟 살 큰아들 다음에는 작은아들이 나이 마흔세 살에 부모님의 곁을 떠났다.

서울에서 피난온 사촌오빠의 죽음마저 아버지의 몫이다. 육이오 난리 속에 말조심 좀 하시지, 남은 식솔은 어쩌라고 저 혼자 총 맞아 죽었다. 그것도 가족이나 다름없는 교우가 쏜 총알이 오빠를 급사시켰다. 기가 막히는 건 죄목이 "미군들이 빨리 왔으면 좋겠다."라고 해서다. 총구멍 숭숭, 모래바닥에 데굴데굴, 피투성이 조카를 거적으로 둘둘 말아 공동묘지에 묻으시고, 우리 아버지 흘리신 눈물이 한 말이다. 홀아비 큰형님과 과부가 된 조카며느리가 불쌍해서 우셨다. 영화에서처럼 수건으로 오빠의 눈이라도 가려주었는지, 자기에게 총 쏜 형제가 누군지 모르고 숨을 거두었으면 하는 바람이다. 불순분자들이 머리에 총부리 들이대며 '방아쇠 당겨라' 하는데, 누가 그 자리를 피할 수 있을까. 증조할아버지의 아름다운 영혼이 오빠(요한)를 마중하셨으리라.

부모님의 가슴 아픈 사연을 고스란히 간직한 오빠는 소문난 효자다. 그 아들마저 주님께 돌려드려야 했으니, 우리 엄마 아버지 눈앞이 캄캄 절벽이셨다. 이런 바보 중의 바보가 있나, 오빠 마태오가 죽음 직전에 다다른 걸 눈치 채지 못하고 그냥 소화불량으로 고생하는 줄 알았다. "내가 잠들어도 니들은 잠들지 마라" 마지막 날이

온 걸 아는 모양이다. "오빠, 막내 데려올까, 그만 둬라." 네 살 박이 막내가 시야에 아른거려 마음이 혼란스러울 터, "어서 엄마 오시라해, 성모님 빨리 오시라 해." 이 말로 마침표를 찍는 걸 보니, 증조할아버지의 유전자가 한 몫을 한 모양이다.

"여보게 나 한 잔 했네. 자네도 한 잔 하시게." 하고 오빠가 말했을 때 "관두셔, 난 이미 술 끊었어."

술을 전혀 못 마시는 우체국장 오빠가 얼굴이 빨개서 퇴근하는 날, 나와 나누던 정겨운 대화이다. 시월 어느 날, 주렁주렁 달린 감이 빨갛게 익어가는 감나무 밭이 내려다보이는 산자락에 천 년 집을 지었다.

나도 부모님께 잘한 일 하나 없다. 지금의 남편(요한)은 벼락치기로 영세한 사람이다. 하느님의 자녀가 되는 중요한 일이 부끄럽게도 혼배하는 날 이루어졌다. 그나마 문답 책을 혼자 외워서 신부님의 찰고에 어렵사리 합격은 했다. 이런 사람에게 신앙심이 어디서 솟아날까. 시어머니의 무서운 반대를 무릅쓰고 혼인을 했으면, 부모님 살아계실 때 좀 잘 살기나 할 것이지, 전 재산 사기꾼에게 다 내어주고, 눈에 넣어도 아프지 않은 막내딸 때문에 우리 엄마 엄청 많이 우셨다.

우리에게 혼배성사를 집전하신 사제 박지환 요왕 신부님께서 "신랑이 문답은 아주 잘 외웠어. 앞으로 일 자네에게 달렸어." 하신다. 아직도 남편과 다툼이 일어날 때마다 신부님의 당부가 내 입술을 가로막는다. 아이 때부터 무척이나 좋아하던 멋쟁이 신부님이 아직도 그리운가 보다.

시어머니는 며느리에게 영원한 강자라는 게 우리 시어머니의 사고다. 더구나 당신이 제일 싫어하는 천주학쟁이가 며느리라는 사실에 살기가 돋는 듯하다. 오죽하면 난산한 며느리가 어렵사리 차려온 밥상에서 숟가락을 잡으실까. 그것도 큰동서님까지 대동하시고, 산후조리는 어쩌라고 말이다. 당신도 출산의 경험이 없는 것도 아닌데, 그 덕에 제 아내 귀한 줄 모르는 남편에게 앙갚음이 푸짐하게 돌아갔다.

요한 씨, 예수부활대축일과 성탄대축일 미사에 참례하는 게 다였다. 아이들 영세 때와 첫 영성체, 그리고 견진성사에도 엄마 혼자 참석을 했으니, 자식들에게 미안한 부분이다. 요즘 바쁜 농사철에도 주일미사 참례 거르지 않고, 매일 저녁기도까지 잘 바치는 걸 보면 사람이 착하게 변했다. 이 남자 농촌생활 이십이년 째, 아무리 바빠도 주일미사 참례를 거르지 않는다. 그리고 하는 소리가 "누가 나 개근상 안 주나."다. 그 말에 "담에 하늘나라 가서 하느님께 받으셔." 했다.

하늘나라에 가는 건 나중이고 지상에서 상을 받았다. 지난여름, 사륜오토바이와 함께 농수로에 처박히는 사고가 났다. 이럴 경우 대부분 불구자가 아니면 죽음이다. 천만다행으로 사람과 오토바이가 멀쩡하다. 그 와중에 내가 또 한마디 던졌다. "하늘에 대고 큰소리로 살려주세요, 라고 하시지." 하자, "소리쳤어." 한다. 이 광경을 지켜본 이웃들 말하기를 하느님의 존재를 무시 못할 일이라고, 더러는 마누라의 기도 덕분이라 한다.

여러 해 전 아들애가 운전하던 경운기가 낭떠러지로 굴러 떨어졌다. 그런데도 남편과 아들, 경운기까지 다친 곳 하나 없다. 올 여름 자전거 타고 농로를 달리던 마을 사람이 야트막한 논배미에 빠지는 사고에 죽고 말았다. 황당한 사고에 놀란 마을 사람들이 그리 생각하는 건 어쩌면 당연한 일이다.

지난겨울 나는 어떻고, 대림기도를 가던 중, 눈이 살짝 내린 빙판길에서 뒤로 넘어졌다. 머리통에서 '쾅' 소리가 나고 아래윗니가 맞부딪혔으니 허리 디스크가 무너지고 뒤통수에 구멍이 나는 게 정상이다. 이때, 털모자와 두터운 점퍼가 내 몸을 보호한 게 아니다. 하늘에서 예수마리아 성모님의 은총이 득달같이 달려와 내 몸을 감싸 안으신 거다. 이렇게 예수마리아 성모님을 목이 터져라 부른 것도 처음이다.

'기도는 항구하게 하라'가 성교회의 가르침이다. 서울 수유리에서 또 통진에서 시부모님께 구원의 은총이 내리기를 바라며 평일 미사참례를 꾸준히 다녔다. 어느 교우는 성당에 쏟아 붓는 정성을 시부모님께도 드리느냐며 나를 비웃기까지 한다.

당뇨를 앓고 계신 아버님께서 곧 돌아가실 것 같다. 궁리 끝에 시어머니를 설득하기로 했다. '대세 받으시는 일에 승낙만 하시고, 돌아가신 후에는 당신 마음대로 다 하셔도 좋다고' 했다. 곁에서 시누이도 자기 어머니를 다그쳤다. '며느리가 하자는 대로 하세요' 라고. 대세는 아버님이 받으셔야 하는데, 허락은 시어머니께 받아야 하는 건, 나중에 무탈하기를 바라서다. “마리아 씨 기도 많이 하셨네!” 아버님께 대세를 주신 요안나 수녀님의 말씀이다.

다음 차례는 시어머니다. 이 양반 심술보가 동하자 아들며느리 들볶는 재미로 사시는 듯하다. 날마다 누가 당신 물건을 훔쳐간다고, 이것저것 감추느라 난리도 그런 난리가 없다. 거기에다 낮이나 밤이나 ‘아~아’ 하고, 악을 쓰시는 바람에 통 잠을 잘 수가 없다. 아무리 노력을 해도 참을 忍자가 별반 도움이 안 된다. 또 헛것이 보인다고 소리소리 지르실 때는 어찌해야 좋을지 모르겠다. 하여, 어릴 적 어머니께 들어서 알게 된 다소 미신적인 요소를 써 보기로 했다.

화장지에 성수를 흠뻑 적셔서 헛것이 보인다는 벽 쪽에 척 붙이고, ‘누가 이기나 해보자 이 사탄아’ 집안 곳곳에 성수가 마구 뿌려졌다. 그후 당신의 입으로 기도해달라고 하시니 참 신기하다. 이를 계기로 ‘안나’ 세례명으로 대세도 받으셨다. 죽음의 은총이란 누구나 다 받을 수 있는 게 아니다. 마리아 수녀님께 선종기도와 “안나 할머니 편히 잘 가세요.”라고, 인사까지 받으시고….

수녀님이 떠나가시자 가쁜 숨 몰아쉬며 금세 잦아든다. 며느리가 성당 다니는 걸 막아보려고 김포에서 수유리까지 시도 때도 없이 달려오시던 시어머니와 나의 아픈 인연은 여기까지다.

그러나 본당 사정이 여의치 않아서 장례미사가 큰 걱

정이다. 아직, 시어머니의 복이 남아 있나 보다. 당신의 스케줄 다 취소하시고 인천에서 급하게 달려오신 민영환 신부님께서 장례미사를 드리셨다. 그것도 우리집 거실에서 말이다. 내가 말하기를 "우리 시어머니 홈런 쳤어요, 하늘나라로."다.

나의 욕심이라고 할까? 아들을 셋이나 출산을 했으니, 치명자의 후손답게 우리 집안에도 성직자가 존재하지 않을까 했다. 나의 바람이 깡그리 날아가고 아들 딸 모두가 결혼 성소를 받아들였다. 2000년 6월 26일 고종사촌 오빠의 아들(이상호 세라피노)이 프란체스코 교육회관성당에서 김옥균 주교님께 사제서품을 받았다. 그러므로 치명하신 증조할아버님의 유전자가 지금도 유효하다는 생각이다.

태아 때부터 어미의 기도를 먹고 자란 막내가 혼배하는 날 사람들의 축하에도 마음이 영 착잡하다. 주례사제 민영환 신부님께서 그런 나의 마음을 아시는 듯, "오늘의 신랑을 神父로 만들고 싶었는데, 新婦를 맞이하네!" 하신다. 사람의 힘으로 이루지 못할 부분이 바로 사제성소가 아닌가. 나의 힘으로 어찌할 수 없는 부분 또한 등 돌린 이웃과 화해하는 일이다. 이런들 저런들 어떠하랴. 부모님께 물려받은 글 솜씨가 나이든 나를 서쪽하늘의 별처럼 반짝반짝 빛나게 할 터이니, 이젠 '아름다운 용서'이 단어 하나만 사랑할 일이다.

■ 시인의 작품세계 ■

신상숙 시인의 시집 『꽃들의 수다』

이 현 실

(시인 · 지성의샘 주간)

민통선 이기울 마을에는 자연과 함께 살아가는 시인이 있다.

수필가이자 시인인 신상숙 님의 『꽃들의 수다』 속으로 침잠하는 아침이다. 페이지를 넘길수록 감칠맛 나는 작품을 만난다.

곳곳에 배여 있는 구도자적인 시를 읽으며 시인의 얼굴을 떠올린다. 1801년 신유박해辛酉迫害로 인해 조선의 로마 가톨릭교회의 많은 신자들이 죽음을 당했다. 독실한 가톨릭 신자이셨던 시인의 증조부는 그때 순교하셨고 비신자이셨던 할머니는 천주교 박해를 피해 식솔을 이끌고 깊은 산속으로 숨어들었다.

신상숙 시인은 그때 겨우 목숨을 부지해 믿음을 지키며 대대로 내려온 순교자 집안의 후손이다.

그의 시 편에 묻어나는 시인의 기도가 절절하다.

〈조팝나무〉와 〈달걀 껍데기〉에는 지난한 시대의 아픔

을 건너온 이야기가 코끝을 찡하게 한다. 그러나 눈빛 맑은 계집아이의 선한 모습을 떠올리며 독자에게 잔잔한 감동을 선사한다.

〈봄 이야기〉에는 낙종 모판 가득 실은 경운기가 콧바람 씽씽 부는데 덩달아 신이 난 그이 얼굴에 웃음살이 한가득이라며 건강한 가족애의 웃음소리가 들려온다. 선잠 깬 두꺼비와 비둘기, 민통선 철조망을 넘는 꾀꼬리 노랫소리가 달콤하게 봄바람을 타고 온다.

시인은 오늘도 밭고랑에 엎드려 남편과 함께 빙 둘러가며 채소밭에 철조망을 치고 있다. 땀 흘려 가꾼 작물을 종횡무진 무법자처럼 들이닥쳐 절단 내고 달음질하는 고라니 떼의 습격을 막기 위해서이다.

〈출입금지〉란 시에는 피해를 준 고라니에 대한 서사가 유머러스하게 묘사되어 있다.

> **…하루갈이 밭 /놈들의 참살이 시식장이다//차우차우 보초를 서고/ 출입금지 팻말을 세웠어도**
>
> **언문도 모르는 꼬락서니/맨날 밤마다/ 뭔 지~랄/ 서당 아님 학교에 보내야지**
>
> **옆집 아저씨 왈/ 고라니에게 글 좀 가르치시기요//예! 아저씨가 잡아만 오시기요**

건강한 아침의 노래다. 믿음과 기도 속에 꽃들의 수다로 자연과 함께 살아가는 시인의 여생에 하느님의 자비로우신 축복 있으시기를!

꽃들의 수다

초판 1쇄 인쇄 | 2017년 5월 10일
초판 1쇄 발행 | 2017년 5월 15일

지은이 | 신상숙
펴낸이 | 윤영희
주 간 | 이현실

펴낸곳 | 도서출판 **동행**
등록번호 | 제2-4991호

주소 | 서울시 중구 을지로 14길 16-11(2층)
전화 | (02) 2285-0711, 2285-2734
팩스 | (02) 338-2722
이메일 | gongamsa@hanmail.net

값 10,000원

ISBN 979-11-5988-004-9 03810